Finn und Frieda

feiern den Sommer

Martin Klein

Kerstin Meyer

TULIPAN VERLAG

„Dong!", sagte Finn und blieb mitsamt Rucksack vor der Haustür stehen.

Die Hitze draußen fühlte sich an, als würde ihm jemand mit einer Bratpfanne den Kopf massieren.

„Platz da, Schlaftablette!", rief Frieda und machte mitsamt Rucksack einen Blitzstart an ihrem Bruder vorbei. Sie bremste aber gleich wieder ab. Es sah aus, als wäre sie gegen ein unsichtbares Hindernis geprallt. „Uff!"

Ein Schweißtropfen lief über Friedas Nase. Sie folgte ihm mit den Augen und begann zu schielen. Der Tropfen erreichte die Nasenspitze und fiel nach unten. Frieda fing ihn mit der Zunge auf.

„Gibt's auch in den Sommerferien hitzefrei?" Sie stellte die Frage halb ihrem Bruder und halb sich selbst.

„Na, was denn sonst!" Finn tat so, als sei die Überlegung ein bisschen doof. Er winkte ab und lachte laut.

„Aber wir haben doch jetzt sowieso immer frei", wandte Frieda ein. Sie beherrschte nicht nur Blitzstarts, sie konnte auch logisch denken.

Finn dachte kurz nach.

Dann rief er wieder: „Na, was denn sonst!" Das passte immer irgendwie. „Und jetzt quatsch nicht rum, sondern lass uns losgehen."

„Kinder, wo seid ihr?" Irgendwo im Haus hörten sie die Stimme ihrer Mutter.

„Wir warten draußen auf dich, Mama!", rief Frieda. „Die Luft fühlt sich wie Lava an!"

„Bin schon da, Kinder", trällerte die Mutter und eilte an Frieda vorbei nach draußen. Dort blieb sie stehen und machte „Puuh".

„Das ist die Lava, Mama", sagte Finn.

„Wie bitte?", fragte die Mutter.

„Das bedeutet hitzefrei", sagte Frieda. „Also Hitze. Und frei sowieso. Alles klar?"

„Na, was denn sonst!", rief die Mutter und lachte. „Aber nur, wenn ihr Sonnenmilch benutzt."

„Habe ich schon!", erklärte Frieda. „Ich will heute Abend schließlich nicht mit einer roten Ampel verwechselt werden."

Die Mutter wandte sich an Finn. „Wie sieht´s mit dir aus, mein Schatz?"

Finn sagte: „Öh ..."

Finn mochte Sonnenmilch nicht. Er benutzte sie nur, wenn unbedingt nötig: am Strand, im Schwimmbad und in einer Wüste.

Aber nicht kurz vor einer Busfahrt.

Finns Mutter schnupperte an ihm.

„Nichts", sagte sie. „Das hab ich mir gedacht."

Finn wollte ihr die Sache erläutern, aber er kam nicht dazu. Seine Mutter packte ihn energisch mit ihrem Superwoman-Griff. Dem konnte niemand entkommen. Sie zog eine riesige Flasche hervor mit der Aufschrift „Sunblocker extra stark, Lichtschutzfaktor 120000". Dann nahm sie ihn in eine Art Schwitzkasten und verteilte mit beiden Händen riesige Mengen weißer Soße auf seiner Haut.

Finn machte dabei Geräusche, die sich ungefähr so anhörten: Ürpblörbmrks.

Ruck, zuck waren seine Ohren, Gesicht und Hals, der Nacken, die Arme und Beine mit einer dicken Schicht Creme bedeckt.

„Ich seh aus wie Vanilleeis mit Soße!", schimpfte er.

„Das zieht gleich ein", sagte seine Mutter ungerührt. „Sei deiner Mama dankbar. Jetzt kriegst du keinen Sonnenbrand."

„Ich hab mich vor dem Rausgehen schon selbst eingerieben", verkündete Frieda und kicherte schadenfroh. Finn warf ihr einen finsteren Blick zu. „Beeilung!", knurrte er. „Wegen eines Sonnenmilchüberfalls wartet der Bus nicht."

Finn und Frieda fuhren für ein paar Urlaubstage in Tante Johannas Sommergarten. Sie freuten sich auf ihre Tante, auf die Sittiche John und Yoko und auf jede Menge schöner Sommerdinge.
Ihre Mutter begleitete sie bis zur Bushaltestelle. Der Bus Nummer 25 wartete dort schon. Auf dem Schild über der großen Frontscheibe stand „Schöne Aussicht".

„Ich komm kurz mit rein und schau, wo ihr am besten das Gepäck verstaut", sagte die Mutter. Finn drängelte an ihr vorbei. „Nee, das mache ich lieber selbst."

„Genau, selbst ist der Mann!" Der Busfahrer hatte einen dicken Bauch und einen dünnen Schnurrbart.

„Ohne Ticket darfst du hier sowieso nicht rein, Mama", erklärte Finn. Er drückte sie, stieg ein und winkte einen Abschiedsgruß.

„Da hat der junge Mann recht", sagte der
Busfahrer grinsend. „Aber für Sie würde ich
eine Ausnahme machen, junge Frau."
Die Mutter wollte etwas erwidern, aber
Frieda schmatzte ihr haufenweise Küsschen
auf beide Wangen. Sie konnte nämlich nicht
nur logisch denken und Blitzstarts hinlegen.
Sie hatte auch am Zählen Spaß und dafür

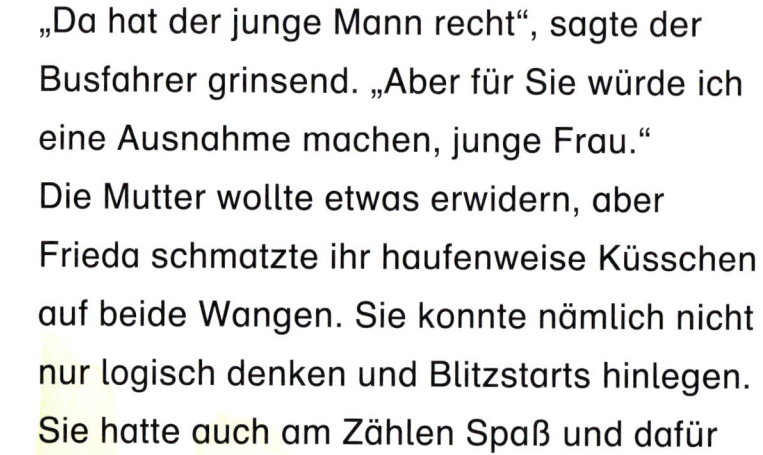

gab es überall Gelegenheiten. Nun ging es um genau die gleiche Anzahl Küsschen, die der Bus als Nummer trug. Als sie bei dreizehn angekommen war, löste ihre Mutter sich aus der Umklammerung. „Die Kinder fahren bis zur Endhaltestelle mit", sagte sie zum Fahrer. „Achten Sie bitte darauf."

„Das kriegen wir hin, junge Frau", erwiderte er und wischte sich mit einem Taschentuch über die Stirn. „Ein Wetter wie in der Sahara, oder? Und ich habe Mittagsschicht. Sie sind nicht zufällig danach noch hier?"

„Ich werde es mir überlegen, junger Mann", sagte eine ältere Dame, die ganz vorne im Fahrgastraum saß. Sie zwinkerte Finns und Friedas Mutter zu und fügte hinzu: „So eine Hitze gab es früher nicht. Da werden manche Leute ganz wirr im Kopf."

Der Fahrer brummte missmutig. Der Dieselmotor startete und der Bus rollte los.

Finns und Friedas Mutter winkte mit beiden Händen. Finn winkte zurück und Frieda schickte eine Menge Handküsschen durch die Fensterscheibe. Es waren genau zwölf. Unterwegs aßen Finn und Frieda Schokokekse. Die Schokolade war in der Schachtel zu Kakaobrei geschmolzen und kleckerte durch die Gegend. Auch die Luft schien dickflüssig. Der Bus schaukelte schwerfällig hindurch. Die Fußgänger schlurften nah an den Hauswänden entlang.

Sie wollten jedes bisschen Schatten
erwischen. Die Sonne zauberte glitzernde
Fata Morganas auf den Asphalt.
Hinter der Stadtgrenze schlossen sich
dunkelgrüne Maisäcker und Felder mit gelb
leuchtendem Getreide an. Schließlich kam
eine baumbewachsene Anhöhe in Sicht.
Sie erhob sich hinter einem kleinen See mit
Badestelle und Bootssteg.
Daneben stand Finns und Friedas
Lieblings-Kiosk.

Und dort wartete eine Frau mit Strohhut und einer grünen Gärtnerlatzhose. Finn und Frieda winkten Johanna zu und sie winkte strahlend zurück.

„Schöne Aussicht, Endbahnhof", verkündete der Fahrer. „Alle aussteigen!"

Finn und Frieda sagten: „Auf Wiedersehen", aber der Fahrer raunzte ins Bordmikrofon: „Ein Sitz ist keine Mülltonne! Nehmt gefälligst euern Mist mit!"

„Ups", sagte Frieda und holte die Schachtel mit dem tropfenden Kekskakao.

„So eine Sauerei! Ich zieh dir gleich die Ohren lang!", rief der Fahrer.

Johanna rief von draußen: „Wagen Sie das nicht, Sie grober Mensch!"

Finn und Frieda fielen ihr um den Hals. Der Busfahrer schimpfte ihnen hinterher, aber sie beachteten ihn nicht mehr.

„Herrlich warm heute, Kinder", meinte Johanna. „Das ist mal ein Sommer!

Und den Sommer muss man feiern! Das bedeutet: Wir brauchen als Erstes ein Eis." Der Kiosk hatte für alle ihr Lieblingseis bereit. Frieda nahm Capri, Finn wählte das rot-weiß-grüne Dolomiti und Johanna das Sandwich-Eis Happen.

Frieda leckte blitzschnell, aber das nutzte nichts. Das Capri lief ihr als klebrige Orangensoße über die Finger. Der Happen tropfte Johanna auf die Latzhose und das Dolomiti schmolz in einem einzigen Augenblick. Finn konnte nur zuschauen, wie es zu Boden floss und auf dem Asphalt verdampfte.

„Sogar für Eis ist es zu heiß!", sagte Johanna. „Hey, das reimt sich."

Die drei stapften den kurzen Pfad zum Garten hinauf und kamen nass geschwitzt an.

Sie schafften es gerade noch, Johannas Vogel-Ehepaar zu begrüßen. Die Nymphensittiche John und Yoko lebten in einer großen Voliere. John kletterte auf Friedas Schulter und knabberte an ihrem rechten Ohr. Und Yoko landete auf Finns Kopf und schaute ihm von oben in die Augen.

Johanna holte eisgekühlte Limos aus
dem Kühlschrank und im Schatten des
Kirschbaums standen drei gemütliche
Liegen bereit.
„Siesta", sagte Finn und ließ sich auf die
erste fallen.
„Chill-Zeit", verkündete Frieda und
plumpste auf die zweite.

„Genau, Kinder." Johanna gähnte. „Jetzt kommt erst mal ein schönes Päuschen. Ich fülle nur noch Johns und Yokos Wassernäpfe auf. Die beiden sollen auch nicht verdursten."

Anschließend machte sie es sich auf der dritten Liege bequem und ein paar Sekunden später schnarchte sie ansteckend.

Im Baumschatten war die Hitze erträglich.

Finn holte trotzdem noch einen Ventilator
mit Verlängerungskabel aus der Hütte.
Der Propeller surrte los und sorgte für
eine angenehme Brise. Finn las eine
Fußballzeitschrift. Als er eindöste, glitt sie
ihm aus den Fingern. Frieda fächelte sich mit
ihrem Buch matt Luft zu. Bald fielen auch ihr
die Augen zu.
„Nein!"

Ein entsetzter Ausruf zerriss Finns und
Friedas Hochsommer-Träume.
„So ein Mist! Ich superdoofe Frau!"
Johanna stand vor Johns und Yokos Käfig.
„Was ist denn los?", fragte Frieda.
„Ich habe vergessen, den Käfig zu
schließen!" Johanna zeigte auf die offene
Gittertür. „John und Yoko sind weg!"
„Wer mal was vergisst, ist doch nicht gleich
doof. Wir finden sie wieder." Finn
sprang entschlossen auf.

„Das ist mir noch nie passiert", murmelte Johanna. „Ich glaube, ich werde alt."

„Ich habe auch schon mal was vergessen", sagte Frieda.

„Ich glaube, ich werde auch alt."

Johanna lächelte schwach.

Über ihnen raschelte es.

Etwas Rotes, Rundes landete auf dem Boden. Es war eine angenagte Kirsche.

„Ihr schon wieder!", rief Johanna. „Haut ab, ihr Gauner!"

Sie klatschte in die Hände.

Plötzlich flatterte es in der Baumkrone.

Überall tauchten dunkelweiß gesprenkelte Vögel auf. Sie stiegen pfeilschnell in den strahlend blauen Himmel auf.

Zwei von ihnen waren größer und heller als die anderen und trugen eine Federhaube. Der Schwarm verschwand wie eine einzige, wild gewordene Wolke Richtung See.

Aber die beiden größeren Vögel drehten ab und landeten ein paar Meter entfernt im Sommerblütenbeet.

„Da!", riefen Finn und Frieda gleichzeitig.

„Ja!", schimpfte Johanna. „Die frechen Stare! Sie fressen mir die ganzen Kirschen weg. Und immer picken sie nur einmal rein. Die wollen mich ärgern!"

Finn und Frieda rannten los. Am Beetrand bremste Frieda ab. Finn stürzte sich in die bunte Pracht.

„Vorsicht, Blumen!", rief Frieda.

„John und Yoko sind wichtiger!", rief Finn.

„Richtig!" Frieda trampelte hinterher.

„He, mein Phlox!", rief Johanna entsetzt. „Vorsicht, der Rittersporn! Der knickt leicht um. Auweia, zu spät. Achtung! Die Dahlien sind empfindlich!"

Finn und Frieda erreichten die beiden Sittiche und streckten vorsichtig die Hände nach ihnen aus.

Die Vögel legten die Köpfe schief. Dann flatterten sie hoch.

„Kinder, was macht ihr?!", jammerte Johanna. „Meine schönen Stauden!"

Finn und Frieda zeigten nach oben.

Die beiden Sittiche stiegen in die Luft. Sie folgten dem Starenschwarm und wurden rasch kleiner. Aber die Federhauben auf ihren Köpfen waren noch zu erkennen.

Johanna kniff die Augen zusammen.

„Schnell!", rief sie. „Das Fernglas!"

Sie rannte los und kurz darauf beobachtete sie den Vogelschwarm durch ihren superstarken Feldstecher.

„Das habe ich mir gedacht", murmelte sie. „Sie landen auf der Dickichtinsel. Wir müssen da hin."

„Na los!", riefen Finn und Frieda.

Johanna griff nach der Vogeltransportbox und stopfte ein paar Stangen Kolbenhirse in ihre Latzhose.

Das war Johns und Yokos
absolute Lieblingsspeise. Dann
warf sie den Kindern Paddel zu, holte
ein kleines Schlauchboot und zerrte es
hinter sich her.

„Auf geht's! Expedition Dickichtinsel!"
Diesmal ging es bergab, aber die drei
waren trotzdem nicht besonders schnell.
Saharahitze, eine Transportbox und ein
Boot auf dem Trockenen bremsen jeden
Sprint. Schweißüberströmt erreichten
sie den Steg. Eilig ließen sie das
Boot ins Wasser. Finn und Frieda
paddelten los wie bei einem
Olympia-Wettkampf. Johanna
behielt die gefiederten Ausreißer
mit dem Fernglas im Blick.

„Sie landen auf der großen Pappel",
berichtete sie.
Die Dickichtinsel trug genau den richtigen
Namen. Dichtes Strauchwerk, hohe
Brennnesseln, mächtiges Kraut und
stachelige Ranken machten sie fast
undurchdringlich. Und die große Pappel
stand mittendrin. Die Abenteurer waren mit
Hirsestangen bewaffnet. Sie durchquerten
fiese Brennnesselnester und Dornen
kratzten an ihren Beinen.

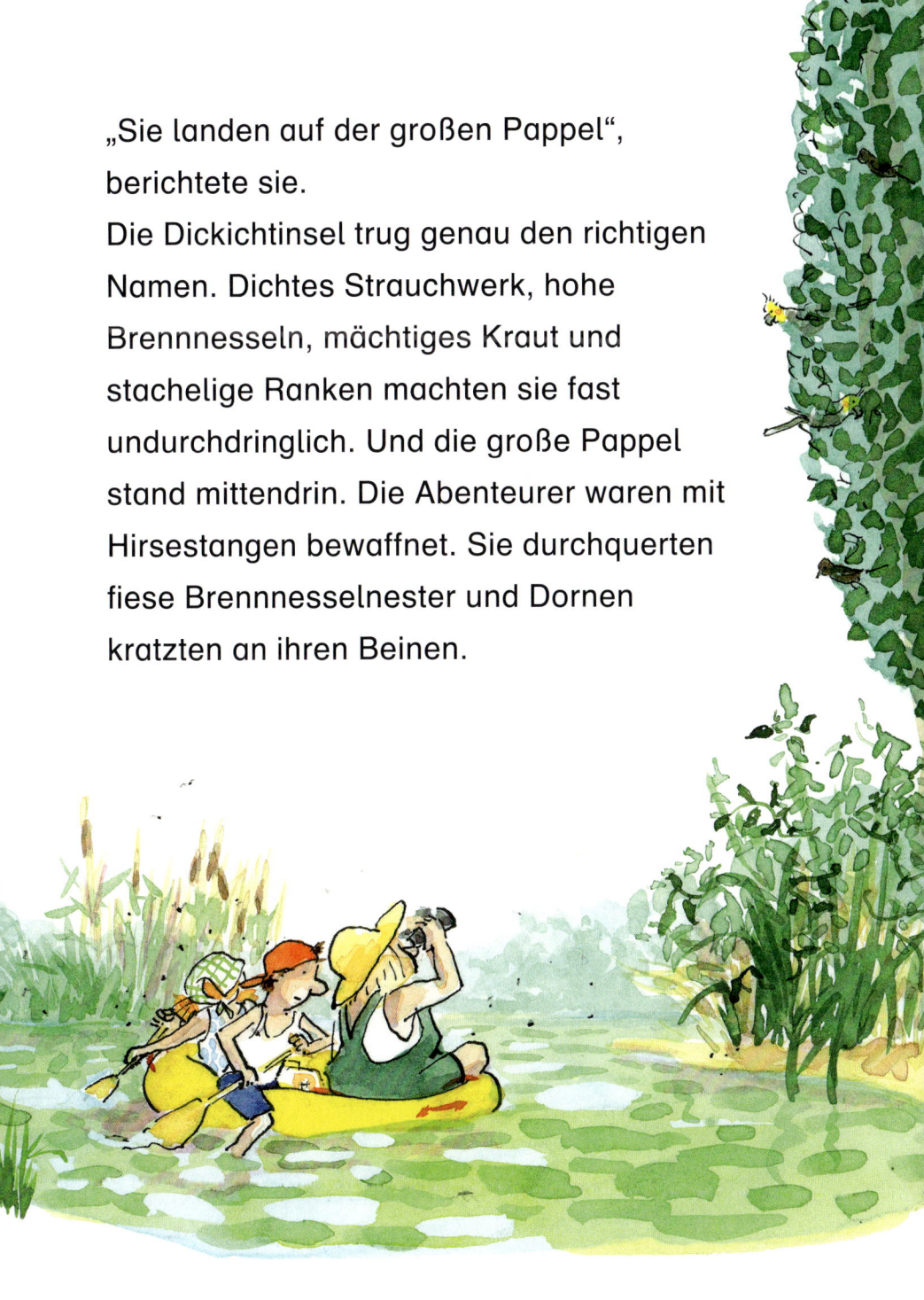

Mückenschwärme fielen über sie her.
Plötzlich hatte Frieda eine dicke Spinne im
Gesicht. Finn trat fast auf eine Kröte und
Johanna stolperte in einen Ameisenhaufen.
Dann hatten sie es geschafft. Schwer
atmend standen sie neben dem mächtigen
Stamm der alten Pappel und schauten nach
oben.

„Hallo, John! Hallo, Yoko!
Wir sind's!"
Verführerisch schwenkten
die drei ihre Hirsestangen.

Hoch über ihnen ertönte ein Rauschen
und schon stob der Vogelschwarm wieder
dem Himmel entgegen. Er umflog die Insel
zweimal und drehte dann in Richtung
Schöne Aussicht ab.
„Jetzt fliegen sie genau dahin zurück,
wo wir gerade herkommen", sagte Finn
kleinlaut.
„Immerhin", meinte Frieda. „Vielleicht finden
sie ja auch alleine nach Hause."
„Na klar!" Johanna lächelte. „Ihr habt recht.
Die beiden wissen genau, wo die Hirse
wächst. Schluss mit dem Stress!"
Etwas zuversichtlicher kehrten die drei zum
Schlauchboot zurück.
„Na, dann paddeln wir mal heim", sagte
Finn. „Aber entspannt."

„Noch nicht." Johanna schaute ihn vergnügt
an.

„Haben wir etwa was vergessen?", fragte
Frieda.

„Oh ja!", rief Johanna und nahm Anlauf.

„Achtung, Arschbombe!"

Sie sprang in voller Montur in den See.

Es spritzte mächtig und für einen Moment
war an der Wasseroberfläche nur noch ihr
Strohhut zu sehen.

„Wunderbar!", prustete Johanna. „Na los,
worauf wartet ihr?"

Finn und Frieda waren schon im Wasser,
bevor sie zu Ende gesprochen hatte.

Es fühlte sich herrlich an.

Den Rest des Tages feierten sie den
Sommer. Sie badeten noch ungefähr
hundert Mal. Sie pflückten Kirschen,
futterten Erdbeeren und Johannisbeeren
und spielten und spielten und spielten.
Erst spät sank die Sonne tiefer und zog
die Schatten lang. In der Dämmerung
rösteten Finn und Frieda auf dem Grill
Marshmallows. Johanna spielte Gitarre und
sang dazu. Das Lied vom Hasen Augustin
sangen Finn und Frieda lauthals mit.
Nach und nach blinkten am Nachthimmel
die Sterne.

Sogar die Milchstraße war irgendwann
zu erkennen. Einmal blitzte eine
Sternschnuppe auf.
‚Kommt gut wieder, John und Yoko‘,
dachten Finn und Frieda gleichzeitig.
Sie schauten sich an und erkannten, dass
ihr Wunsch der gleiche gewesen war.
Johanna lächelte. Sie wünschte den
Kindern eine gute Nacht und legte sich in
der Gartenhütte schlafen. Finn und Frieda
aber verbrachten die Nacht draußen auf
ihren Liegen.

„Wenn irgendwas ist, weckt mich einfach
auf", sagte Johanna.

„Was soll schon sein?", erwiderte Finn und
gähnte ausgiebig.

Finn und Frieda kuschelten sich in die
Schlafsäcke.

„Wenn irgendwas ist, weckt mich einfach
auf", murmelte Finn.

„Was soll schon sein?", fragte Frieda, aber
sie bekam keine Antwort mehr.

„Schlafmütze", sagte sie leise und streifte ihre Stirnlampe über. Die war zum Lesen sehr praktisch.

BONG! Etwas prallte gegen ihren Kopf. Frieda zuckte zusammen. Auf dem aufgeschlagenen Buch zappelte benommen ein fetter Nachtfalter. Frieda schüttelte ihn beiseite.

SIRR! Etwas strich wie Spinnfäden über ihr Gesicht. Im Lichtstrahl geisterte eine riesige Schnake. Frieda scheuchte sie fort.

WUSCH! Etwas flitzte haarscharf an ihrer Nase vorbei und kurz darauf wieder und gleich darauf noch einmal. Kleine dunkle Flatterflieger zischten geräuschlos durch die Nacht.

Ein Schauer lief über Friedas Rücken. Das waren Fledermäuse! Sie schaltete ihre Lampe aus und betrachtete die Mondsichel, bis ihr die Augen zufielen.

Der Mond raschelte und schnaufte, als er am Nachthimmel mühsam höher kletterte. Dann rasselte und grunzte er auch noch. Außerdem musste er Pipi. Plötzlich war Frieda wieder hellwach. Nicht der Mond musste mal, sondern sie. Aber warum machte er so seltsame Geräusche? Frieda erkannte, dass der Mond auch damit nichts zu tun hatte. Etwas im Garten rasselte, schnaufte, raschelte und grunzte. Sie verkroch sich tiefer in ihrem Schlafsack. Wenn sie nur nicht so dringend müsste! Der Lärm kam immer näher. Frieda lauschte jedem Laut hinterher.

„Finn?", fragte sie.

Sie bekam keine Antwort.

„Finn?!" Wieder nichts.

Frieda lehnte sich zu Finns Liege herüber und zupfte an seinem Schlafsack.

Er war leer!

Dann schnaufte es direkt neben ihr!

Frieda erstarrte zu einer Gartenskulptur.
Ein gedrungenes Wesen mit rüsselartiger
Schnauze und schwarz-weißem Kopf
spazierte an ihrer Liege vorbei. Frieda
erkannte es sofort, obwohl sie dieses Tier
zum ersten Mal im Leben lebendig sah:
ein Dachs!
Sie atmete auf. Aber Pipi musste sie immer
noch. Ganz dringend! Also los. Entschlossen
öffnete Frieda den Reißverschluss des
Schlafsacks. Sie schlüpfte hinaus und
huschte zum nächstbesten Platz.

Sie stolperte über eine geduckte Gestalt.
„Bitte tu mir nichts, Rasselmonster!",
piepste eine klägliche Stimme. „Dann tu ich
dir auch nichts!"
„Finn!", rief Frieda.
„Frieda!", rief Finn.
Erleichtert fielen sie sich in die Arme.
„Was machst du denn hier?!", fragte Frieda.
„Ich musste so dringend", sagte Finn. „Aber
dann war da so ein Rasseln und Schnaufen
und ich hab mich nicht mehr zurückgetraut.
Ich verstecke mich schon ewig hier."
„Kann jedem passieren", meinte Frieda und
tätschelte Finn die Schulter.

Dann machte sie „Buh!".

Finn zuckte zusammen.

„Ich bin ein Schnaufgeist", schnaufte Frieda
und kicherte.

Finn jagte seine Schwester durch den
nächtlichen Garten, bis beide rasselten und
schnauften wie alle Monster und Geister
zusammen. Erschöpft kehrten sie zu ihren
Schlafsäcken zurück.

Die restliche Nacht schliefen Finn und
Frieda sehr gut.

Als sie aufwachten, lugte die Sonne über
das Dach der Gartenhütte. Finn spürte ein
Zupfen an seinem linken Ohr. Frieda fühlte
ein Knabbern an ihrem rechten Ohr.
Sie schlugen die Augen auf und blickten
in zwei freundliche Vogelgesichter.
„Guten Morgen, Kinder!"
Johanna tauchte in der Tür ihrer Hütte
auf und streckte sich. Sie entdeckte John
und Yoko und lächelte. „Da seid ihr also
wieder."
John und Yoko flatterten in den Kirschbaum
und schauten sich an. Es sah aus, als
berieten sie sich.
„Frühstück, Leute!", verkündete Johanna.
„Es gibt frische Brötchen und Hirsestangen.
Und wer das nicht mag, kann einen Ausflug
zur Dickichtinsel machen."

Martin Klein, geboren 1962 in Lübeck, verbrachte seine Kindheit im Ruhrgebiet und machte am Niederrhein Abitur. Er wurde Sportstudent, Landschaftsgärtner, Diplom-Ingenieur und Autor. 1990 erschien sein erstes Kinderbuch. Viele weitere folgten. Sie wurden bislang in 13 Sprachen übersetzt und erhielten verschiedene Auszeichnungen. Martin Klein lebt in Berlin und Potsdam.

Kerstin Meyer wurde 1966 in Wedel bei Hamburg geboren. Sie studierte Illustration und Gestaltung an der Fachhochschule in Hamburg. Schon während ihres Studiums arbeitete sie an Trickfilmen und hatte erste Kinderbuchprojekte. Seitdem illustriert sie Texte u. a. von Cornelia Funke, Martin Klein, Markus Orths und Andreas Steinhöfel. Kerstin Meyer lebt und arbeitet in Hamburg. Ansonsten reist sie gerne oder beackert ihren Garten.

Besucht uns auf Facebook und Instagram!

© Tulipan Verlag GmbH, München 2018
Alle Rechte vorbehalten
1. Auflage 2018
Text: Martin Klein
Bilder: Kerstin Meyer
Lektorat und Redaktion: Eva Jaeschke
Gestaltung: Anette Beckmann
Druckvorstufe: bildpunkt GmbH, Berlin
Druck: Grafisches Centrum Cuno GmbH & Co. KG, Calbe
ISBN 978-3-86429-427-3

T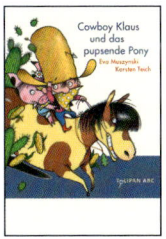LIPAN ABC – Literatur für Erstleser

„Ungewöhnlich und literarisch anspruchsvoll – so präsentiert
sich das Erstleseprogramm des Tulipan Verlags."
spielen und lernen

Lesestufe A ab 6 Jahren

  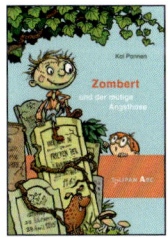  

Lesestufe B ab 7 Jahren

 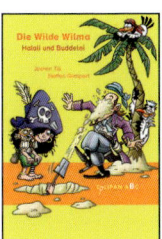 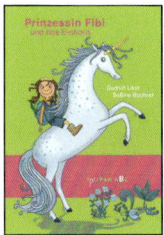  

Lesestufe B ab 7 Jahren

TULIPAN-Newsletter

Tolle Lesetipps kostenlos per E-Mail!

Mehr auf **www.tulipan-verlag.de**